LE PROCÈS
DE JEANNE D'ARC,

OU

LE JURY LITTÉRAIRE;

PARODIE-VAUDEVILLE EN UN ACTE,

PAR MM. DUPIN, DARTOIS ET CARMOUCHE;

Représenté, pour la première fois, sur le Théâtre du Vaudeville, le 11 juin 1819.

PRIX : 1 FR. 25 C.

PARIS,
CHEZ J.-N. BARBA, LIBRAIRE,
ÉDITEUR DES ŒUVRES DE PIGAULT-LEBRUN,
PALAIS-ROYAL, DERRIÈRE LE THÉATRE FRANÇAIS, N°. 51.

DE L'IMPRIMERIE D'ÉVERAT, RUE DU CADRAN, N°. 16;
1819.

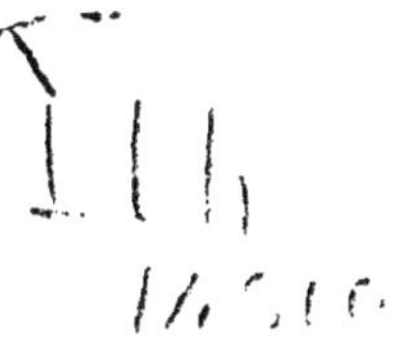

PERSONNAGES.	ACTEURS.
	MM.
BÊTEFORT, Anglais, tenant un cabinet littéraire au Palais-Royal.	LAPORTE.
Mme. BÊTEFORT, sa Femme.	Mme. BRAS.
JEANNE D'ARC des Français	Mlle. MINETTE.
JEANNE CHAPELAIN.	Mlle. ARSENNE.
JEANNE SCHILLER.	FICHET.
JEANNE FLONFLON.	Mme. ST.-AULAIRE
JACQUES DUMOLLET, Grand-Maître des Templiers.	GUÉNÉE.
AGNELET, Berger normand.	JOLY.
SANSVOIX, Ambassadeur, Souffleur des Français.	FONTENAY.
Un Valet.	JUSTIN.
Valets des Français.	
Peuple.	

LE PROCÈS DE JEANNE D'ARC,

PARODIE-VAUDEVILLE EN UN ACTE.

SCÈNE PREMIÈRE.

BÊTEFORT, Madame BÊTEFORT.

BÊTEFORT.

MON dieu! mon dieu! ma femme! quel désordre dans notre cabinet de lecture, et surtout dans nos Journaux!.. vous mettez *la Quotidienne* sur *le Constitutionnel*, je crois prendre *le Journal des Débats*, je tombe sur *le Libéral; le Journal de Paris* est caché sous *le Moniteur*, qui diable voulez vous qui l'aille chercher là!

MADAME BÊTEFORT.

Vos Journaux me bouleversent la cervelle.

BÊTEFORT.

Il faut faire attention! dans une maison telle que la nôtre! songez donc qu'il ne vient ici que des gens comme il faut.. toutes personnes qui savent lire!

MADAME BÊTEFORT.

Aussi j'ai nettoyé la bibliothèque..... il y avait joliment de poussière sur nos romans anglais.

BÊTEFORT.

Vous avez bien fait de les épousseter... vous savez bien que je suis d'origine anglaise, que j'ai quitté mon pays pour venir établir un cabinet de lecture au Palais-Royal, où quelques-unes de mes pratiques ont traduit mon nom de Bêtefort en celui de Fortbête; mais je tiens au premier, mon établissement prospère.... pourvu que la liberté de la presse ne vienne pas tout détruire.

MADAME BÊTEFORT.

Elle ne peut que faire du bien... surtout aux Journaux ; je crois qu'ils vont en dire de belles !

BÊTEFORT.

Ils nous en promettent, du moins.

AIR : *Sans mentir.*

Leur tâche est plus difficile :
Il leur faudra maintenant
Annoncer, dans chaque ville,
Ce qui se fait de piquant,
De tout ils devront instruire ;
Et, ce qui sera plus beau,
Chaque jour ils devront dire
Quelque chose de nouveau :
Sans mentir,
Ils n'y pourront pas tenir,

MADAME BÊTEFORT.

Et qu'est ce que ça fait ? pourvu qu'il y ait du scandale.

BÊTEFORT.

AIR : *Tôt, tôt battez chaud.*

Je ne pense pas comme toi ;
Ma femme, depuis qu'une loi
Vient de supprimer la censure,
Chacun a la plume à la main :
Je prévois un fâcheux destin
Pour mon cabinet de lecture.
Si tout le monde enfin,
Va se mêler d'écrire,
On n'aura plus le temps de lire.

MADAME BÊTEFORT.

Nous allons voir des brochures de toutes les couleurs.

AIR : *Vent brûlant d'Arabie.*

Que d'œuvres littéraires
Chaque jour paraîtront !
Désormais les libraires
Sans cesse imprimeront
Livres de toute espèce.

BÊTEFORT.

Hélas ! de cet abus,
Va, ce n'est pas la presse
Qui gémira le plus.

MADAME BÊTEFORT

Ah ça, à propos !

AIR: *Songez donc que vous êtes vieux.*

Mais, mon cher mari, dites moi,
Les femmes, avec assurance,
Pourront-elles, grâce à la loi,
Imprimer leur correspondance?
Quand nous voudrons à nos amis
Écrire deux mots de tendresse,
Les billets doux sont-ils compris
Dans la liberté de la presse.

BÊTEFORT.

Du tout! du tout! il y aura toujours la censure des maris... Diable! il ne manquerait plus que cela.

Mad^{e}. BÊTEFORT.

Ça vous serait bien égal, à vous, qui ne savez jamais ce qui se passe chez vous.

BÊTEFORT.

Ah! je ne le sais jamais! c'est bon à savoir; eh bien, moi, je vous apprends que j'ai loué mon cabinet de lecture pour y tenir un jury littéraire.

Mad^{e}. BÊTEFORT.

Un jury littéraire?

BÊTEFORT.

Il s'agit, à ce qu'il parait, d'un propriétaire très-connu de la rue de Richelieu, Monsieur Jacques Damollet, grand-maître des Templiers, qui prétend qu'on l'a dévalisé complètement. L'autre jour, il arrive dans son hôtel, il fait sa visite... au premier, il ne dit pas grand'chose; au second, il retrouve presque tous ses effets; au troisième, il se fiche; au quatrième et au cinquième, il est au comble de la fureur: il a fait dresser cinq actes d'accusation et il va faire juger et condamner Mademoiselle Jeanne d'Arc, et ça m'amusera.

Mad^{e}. BÊTEFORT.

Comment! c'est..

AIR: *J'aime ce mot de gentillesse.*

Eh quoi! Jeanne d'Arc pourrait-elle
Trouver en France un ennemi?
Non, de cette Vierge immortelle
L'honneur ne peut être terni.
Son front, qu'embellit la décence,
Est paré d'une double fleur:
C'est la rose de l'innocence,
Et le laurier de la valeur.

BÈTEFORT.

Je suis bien de votre avis.

Mad^{e}. BÈTEFORT.

AIR : *Tenez, moi, je suis un bon-homme.*

Ah! pour détourner la sentence,
Jeanne, je paraîtrai partout,
Et j'embrasserai ta défence,
BÈTEFORT.
Vous n'embrasserez rien du tout.
Madame BÈTEFORT.
Déjà, dans l'ardeur qui m'enflamme,
Je déclame..
BÈTEFORT.
Vous oubliez,
Lorsque vous déclamez, ma femme,
Que c'est comme si vous chantiez.

Mad^{e}. BÈTEFORT.

C'est vrai! ah! Dieu!

BÈTEFORT.

Diable, voilà comme vous êtes : vous pleurez toujours, vous défendez tout le monde et ça ne sert à rien ; qu'est-ce que j'entends.

(*L'Orchestre joue l'air du Mirliton.*)

SCÈNE II.

Les mêmes, JEANNE CHAPELAIN, JEANNE FLON-FLON JEANNE SCHILLER.

(*Elles portent chacune un étendart, sur lequel on lit leurs noms et leurs titres.*)

BÈTEFORT.

Mais, Dieu me pardonne, ce sont des amazones que je crois avoir vues aux jeux chevaleresques.

JEANNE-CHAPELAIN.

AIR : *Mirliton, mirlitaine.*

Innocente et capitaine,
Bravant Mars et Cupidon,
Je ne crains lance ni chaîne,
Ni sabre ni bataillon.

JEANNE FLONFLON.

Et ni mirliton,
Mirliton, mirlitaine,
Et ni mirliton,
Ton, ton.

BÊTEFORT.

Qui êtes-vous ?

JEANNE CHAPELAIN.

Chevalier, savez-vous lire ?

BÊTEFORT.

Tiens, cette question ?... et l'enseignement mutuel ?

JEANNE FLONFLON.

Eh oui, ma sœur. (*Fredonnant.*)

Quand les bœufs vont deux à deux,
Le labourage en va mieux.

JEANNE CHAPELAIN.

Nous avons reçu une assignation par huissier, de la part de Monsieur Jacques Dumollet, grand-maître des Templiers, et nous venons comme jurés, figurer dans un célèbre procès ; je me nomme Jeanne d'Arc, fille de Chapelain,

« Dont l'âpre et rude verve,
» Son cerveau tenaillant, rima malgré Minerve. »

BÊTE-FORT.

Ah ! Chapelain ? n'est-ce pas un petit in-12 en douze livres ; c'est un homme qui a fait école : presque tous nos jeunes auteurs travaillent dans son genre.... je connais beaucoup Madame.

JEANNE CHAPELAIN.

Dites, Mademoiselle, mon père n'a pas encore trouvé à me marier, on m'a pourtant parlé dernièrement d'un Monsieur *Charlemagne*, avec qui je n'irais pas mal.

JEANNE FLONFLON.

Oui, ma sœur.

(*Fredonnant.*)

Il faut des époux assortis.

BÊTEFORT.

Vous avez eu beaucoup à souffrir.

Air : *Fille à qui l'on dit un secret*

Jaloux du glorieux destin
De cette héroïne si belle,
Et les Anglais et Chapelain
Jadis se liguèrent contre elle;
L'Anglais, qu'elle sut effrayer,
Voulut effacer tant de gloire,
Et Chapelain, pour la faire oublier,
Voulut écrire son histoire.

Ah ça! et Madame?

JEANNE FLONFLON.

Lisez, Monsieur.

BÊTEFORT.

Mademoiselle Jeanne Flonflon... Ah! je vous ai vue rue de Chartres..... On m'avait même dit que vous étiez morte en chantant un air d'Opéra comique.

JEANNE FLONFLON.

J'en ai fait une maladie; mais je n'en suis pas tout à fait morte. (*Fredonnant.*)

Liron fa, liron fa,
C'n'est rien qu'ça.

BÊTEFORT.

Comment se fait-il qu'une illustre guerrière comme vous ne parle qu'en chansons.

JEANNE FLONFLON.

Et pourquoi pas, s'il vous plait?

Air :

Selon moi, sur cette terre,
Pere, fils, oncle, cousins,
Grands, petits, reine, bergère,
Chacun parle par refrains:
La fillette qu'on agace
Chante l'air du *Premier pas*;
La maman l'air : *Comm' ça passe*;
Le père : *Ça n' se peut pas.*
Le jeune homme, près de Laure,
Chante l'air : *Brûlant désir*;
Le vieillard jouit encore
En chantant : *Doux souvenir.*
Nous avons un air des *Dettes*,
Que fredonne plus d'un fat,
Et l'air des *Marionnettes*

Pour plus d'un homme d'état ;
Le petit, heureux et sage,
Chante l'air : *Plus de débats*,
Lorsque maint grand personnage
Chante l'air : *Du haut en bas;*
Un vieux jaloux se lamente
Sur l'air : *Tu veux me trahir*,
Tandis que sa femme chante
L'air : *Ça fait toujours plaisir.*
Oui, ça fait toujours plaisir.

BÊTEFORT, *à Jeanne Schiller.*

Et vous, Monsieur!...

JEANNE SCHILLER.

Monsieur... Mademoiselle... si ça vous est égal ; voilà ma papier...

BÊTEFORT.

Mademoiselle Jeanne Schiller, native d'Allemagne.... Madame est Allemande?

JEANNE SCHILLER.

Ya! Ya!

AIR : *Vaudeville de l'Avare.*

Oui, j'arrive à l'instant de Vienne,
Et c'est un droit à la faveur :
Partout, il faut qu'on en convienne,
Je suis citée afec honneur.
Personne ne révoque en toute
L'esprit profond tes Allemands ;
C'est la pays des bons romans...

BÊTEFORT.

Et de l'excellente choucroute.

JEANNE CHAPLAIN.

Ah! ah! notre famille s'étend jusqu'en Germanie!

JEANNE SCHILLER.

Ya! ya! Je n'être pas si légère que vous, et au moins dans cette procédure il y aura une forte tête.

JEANNE FLONFLON.

AIR *de la Robe et les Bottes.*

Ne croyez pas à sa jactance :
Madame se vante toujours ;
Parle souvent de l'innocence
Qu'elle n'a que dans ses discours.
Elle se dit cette vierge immortelle
Dont le surnom est si connu de tous ;
Mais n'allez pas croire que ce soit elle :
Elle ne l'est pas plus que nous.

BÊTEFORT.

Ah! ça, Mesdemoiselles, vous voilà toutes réunies.

JEANNE CHAPELAIN.

Silence, bonhomme!..., Vous savez, mes sœurs, qu'une nouvelle Jeanne d'Arc vient de paraître.

JEANNE FLONFLON.

RÉCITATIF.

A-t-on exécuté les ordres du Grand-Maître?

Mme. BÊTEFORT.

Et quels ordres, grands dieux?

BÊTEFORT.

Je vous le dirai quand je le saurai.

SCENE III.

Les Mêmes, UN VALET.

LE VALET, *annonçant.*

Seigneur Bêtefort... un ambassadeur des Français, le chevalier Sansvoix, souffleur de la troupe, demande à être introduit.

BÊTEFORT.

Introduisez-le.

(Le Valet sort.)

JEANNE CHAPELAIN.

Que vient-il faire?

BÊTEFORT.

Je m'en doute! Le voici.

SCENE IV.

Les Mêmes, SANSVOIX.

(L'Orchestre joue l'air : Serviteur à Monsieur Lafleur. Les Jeannes d'Arc se placent à droite de Bêtefort. Sansvoix arrive et se met à gauche, en attitude.)

SANSVOIX.

» Avant que tous les Grecs vous parlent par ma voix,
» Souffrez. . . .

BÊTEFORT.

Un instant, vous vous trompez; il ne s'agit point d'Andromaque ici... Diable, c'est bien différent... Seigneur, il est très honorable pour moi de recevoir l'illustre Sansvoix, l'héritier des talens des Molé, des Larive.

SANSVOIX.

« De Larive et Molé, moi, je suis l'héritier !
» Aurait-il le dessein de me mystifier ? »

AIR : *Un homme pour faire un tableau.*

Cessez un éloge aussi grand ;
Il me fait rougir, je vous jure,
Je ne suis point au premier rang,
Et ma place est assez obscure ;
Mais légitimé chaque jour
Par le talent qui chez moi brille,
Je ne suis qu'un fils de l'Amour.

BÊTEFORT.

Il n'a pas un air de famille.

Qu'y a-t-il pour votre Service ?

SANSVOIX.

« Nous venons réclamer une illustre bergère,
» Nous venons réclamer une jeune guerrière. »

BÊTEFORT.

Eh bien ; mais est-ce qu'elle n'a pas d'autre nom ?

SANSVOIX.

« Seigneur, dans notre camp, parfois il nous arrive
« De la nommer encore une illustre captive. »

BÊTEFORT.

C'est très-bien, mais avec ces noms-là, on ne vous délivrerait pas à la municipalité son extrait de baptême.

SANSVOIX.

Eh bien, elle s'appelle Jeanne d'Arc,

BÊTEFORT.

A la bonne heure! il fallait donc le dire tout de suite.

SANSVOIX.

Au moment où elle se rendait à la répétition, on l'a arrêtée au mépris de la liberté individuelle. On a vu des gens de mauvaise mine qui ressemblaient bien à des Anglais, la forcer d'entrer dans un cabinet de lecture des galeries de Bois.

BÊTEFORT.

Elle est ici.

SANSVOIX.

Ah ! Seigneur, daignez la rendre aux vœux des Français.

AIR : *Vaudeville de Turenne.*

Ici je vous la redemande;
En sa faveur je viens vous implorer.
Si nous faisions une perte aussi grande,
Nous ne pourrions la réparer.
Ne désolez pas sa famille,
Car Melpomène, dès long-temps,
Dans le nombre de ses enfans,
Ne compte qu'une seule fille.

BÊTEFORT.

Oui, mais elle a des garçons.

SANSVOIX.

« Il en est jusqu'à deux que l'on pourrait citer. »

JEANNE FLONFLON.

Monsieur Sansvoix, vous n'êtes pas bon.

SANSVOIX.

Je ne me crois pas mauvais, mais.... nous connaissons tout le prix de votre capture, et nous vous offrons des ôtages.

LES JEANNES.

Lesquels?...

SANSVOIX.

Dix tragédies tombées.

BÊTEFORT.

Vous pourriez en donner cent... car, Dieu merci, vous n'en manquez pas.

JEANNE FLONFLON.

AIR : *Vaudeville du Secret de Madame.*

Nous rejetons votre prière :
Allez, retournez aux Français;
Ici, de notre prisonnière
Nous allons faire le procès.

SANSVOIX.

Loin que ce refus me désole,
Mesdames, je reviens tantôt,
Car votre première parole
N'est jamais votre dernier mot.

TOUTES.

Nous rejetons, etc.

SCENE V.

Les mêmes, excepté SANSVOIX

JEANNE CHAPELAIN.

Vous, Bêtefort, qu'on introduise la prisonnière; elle ne tardera pas à être jugée.

LE VALET, *accourant.*

Mesdames, Mesdames!

AIR : *Une fille est un oiseau.*

J'annonce un Monsieur tout grand
Qui vous d'mande pour affaire;
Il a l'air d'être en colère,
Et porte un long manteau blanc;
Malgré toute sa furie,
Voyant la table servie,
De lui-même il se convie,
Et, sans se faire prier,
Il commenc' par en abattre;
Il est là qui mang' comm' quatre
Et boit comme un Templier.

JEANNE FLONFLON.

C'est lui, Mesdames, c'est le Grand-Maître.

JEANNE CHAPELAIN.

Courons le rejoindre et revêtir le costume de notre charge.

(*Toutes les Jeannes sortent.*)

SCENE VI.

BÊTEFORT. (*On introduit Jeanne d'Arc chargée de chaînes.*)

JEANNE D'ARC.

« Où suis-je?... Dans quels lieux!... ah! le ciel me seconde:
« Je vois le paradis... les loges de seconde;
» Je puis sortir enfin de ce grenier fatal
» Où m'avait enfermée un guerrier trop brutal.
» La mort peut terminer une carrière illustre,
» Mes deux yeux ont revu la lumière du lustre.

BÉTEFORT.

Voilà donc cette fameuse Jeanne d'Arc... elle n'est pas mal.

JEANNE D'ARC.

» Voilà de Jeanne d'Arc les premiers accidens.
» Et, malgré ma valeur, on m'a mise dedans.
» Jamais dans Orléans on n'eût osé me prendre?
» Mais le sexe, à Paris, ne sait pas se défendre. »

BÉTEFORT.

Elle a le petit mot pour rire.

JEANNE d'ARC.

Je voudrais bien savoir, Monsieur, pourquoi on s'est permis de m'arrêter?

BÉTEFORT.

Madame, je suis bien de votre avis.

JEANNE d'ARC.

Que cette chaîne me pèse.

BÉTEFORT.

Elle a de la peine à se faire à la chaîne anglaise.

JEANNE d'ARC.

Dites-moi, que deviennent les Français?

BÉTEFORT.

Ça va cahin, caha... Ils sont venus chercher de vos nouvelles.

JEANNE d'ARC.

Je le crois, il y a bien long-temps que je les fais attendre.

BÉTEFORT.

C'est vrai, dites-moi donc, pourquoi avez-vous tant tardé à vous montrer dans le monde?

JEANNE D'ARC.

C'est la faute de mon père.

AIR : *de la folie après Regnard.*

Le matin, auteur complaisant,
Il travaillait avec courage;
Mais le soir, en le relisant,
Il n'approuvait pas son ouvrage.
Jugez donc, quels fâcheux revers
Sans cesse il lui fallait combattre:
Le poëte écrivait deux vers,
Et le censeur en rayait quatre.

BÊTEFORT.

Ça ne devait pas aller vite, et ça ira encore plus doucement

JEANNE d'ARC.

Et pour comble de malheur, à peine arrivée, on me retient encore ici? Que veut-on faire de moi?

BÊTEFORT.

On veut vous faire votre procès.

AIR : *Vaudeville de Monsieur Guillaume.*

On va bientôt se rendre à l'audience :
Guerrière, ici, loin de vous affliger,
A tous vos moyens de défense
Je vous conseille de songer.

JEANNE D'ARC.

Si mes juges daignent m'entendre,
Mes discours seront bientôt faits;
Je ne dirai qu'un mot pour me défendre :
J'ai vaincu les Anglais.

BÊTEFORT.

Vous répondez toutes la même chose; depuis que je suis en France, je n'entends dire que ça... Mais vous allez être condamnée; ainsi choisissez un avocat pour vous défendre.

JEANNE d'ARC.

Je n'en ai pas besoin; on est habitué aujourd'hui à voir des femmes au tribunal.

BÊTEFORT.

Oui, elles y vont en grande toilette, et l'on fait la partie de les aller voir comme à l'opéra... ça fait faire des progrès à la morale et à la justice, car tout s'arrange aujourd'hui par des procès.

AIR : *Cet arbre apporté de Provence.*

Quand un galant chez lui pénètre,
Et cherche à troubler son repos,
Soudain l'Hymen fait comparaître
L'Amour devant les tribunaux.

JEANNE D'ARC.

Dans ces conjugales querelles,
Un jugement, à mon avis,
Ne rend pas les femmes plus fidèles,
Et ne peut rien ôter aux maris.

BÉTEFORT.

Je suis bien de votre avis.

JEANNE d'ARC.

Mais puisque vous êtes toujours de mon avis, pourquoi ne me renvoyez-vous pas ?

BÉTEFORT.

Ah! pourquoi? pourquoi? on ne rencontre pas tous les jours des demoiselles comme vous; tenez, si vous voulez m'en croire, tâchez de plaire, de faire de l'effet, mettez-vous en parure; vous avez besoin de représentation, et vous réussirez si vous avez la vogue.

(*Il sort.*)

JEANNE d'ARC.

Voilà bien de mes donneurs d'avis... réussir... avoir la vogue... à qui faut-il s'adresser pour cela?

AGNELET, *dans la coulisse.*

Bé, bé, soignez bien la petite noire.....

SCENE VII.

JEANNE, AGNELET.

AGNELET, *apercevant Jeanne d'A.*

C'est bien elle, c'est Mamzelle Jeannette; du moins elle ressemble bien à celle avec qui j'ai gardé autrefois les moutons.

JEANNE d'ARC.

C'est toi, mon pauvre Agnelet, qu'est-ce que tu es donc devenu ?

AGNELET.

Ce que je suis devenu ? Ne m'ont-ils pas envoyé au Thibet chercher des chèvres, des moutons de Cachemire.

JEANNE d'ARC.

Et en as-tu trouvé ?

AGNELET.

Je crois bien; je ramène 518 indivi lus; je suis un peu fatigué, je viens de bien loin. Pour en revenir à mes moutons, nous avons été bien accueillis dans la route, les femmes surtout, elles tournaient autour de nous! si je n'avais pas été là... c'est si doux, ces bêtes... on leur aurait pris la laine sur le dos.

JEANNE D'ARC.

Mais mon pauvre Agnelet, à quoi bon aller si loin chercher des moutons?

AGNELET.

Ah! Mamzelle! on voit bien que vous ne savez pas ce que c'est que du cachemire; comme c'est précieux! j'en ai un gilet.

JEANNE D'ARC.

C'est un gilet de cachemire ça?....

AGNELET.

C'est la peau d'un individu qui est mort en route.

JEANNE D'ARC.

Voilà une entreprise bien utile.

AGNELET.

C'est une découverte bien précieuse; ça f'ra l'union des ménages; mais, par exemple, ça f'ra du tort aux amis intimes; savez-vous bien que la cherté de c'te denrée, dans les ménages, ça f'sait presque autant de mal que les bosquets de Tivoli: mais dites-moi donc, Mamzelle Jeannette, qu'est-ce qu'ils m'ont dit? qu'ils vous cherchaient un'querelle d'allemand? je viens pour vous servir de témoin.

JEANNE D'ARC.

Ils veulent me faire mon procès.

AGNELET.

Qu'ils ne s'y fient point!... j'suis là, moi! si vous avez besoin de moi, je lèverai la main et le pied... ah! dame! il faut me voir, j'lève le pied comme un négociant qui n'aurait fait qu'ça toute sa vie!. Mais voyez-vous, quand vous serez devant tous ces gens-là, n'ayez pas peur, faut faire de grands bras, la petite voix, puis tout à coup une grosse... criez surtout... criez, et vous verrez qu'ils crieront bravo.

JEANNE D'ARC.

Silence!... Voilà le tribunal qui s'assemble.

AGNELET.

Allez votre train... je me mets derrière vous... et je vous soutiendrai: deux avis valent mieux qu'un (*riant.*) hai..., hai....

SCENE VIII.

Les mêmes, toutes les Jeannes, DUMOLLET, BÉTEFORT, Mme. BÉTEFORT, Peuple.

LE JURY.

Air : *Bon voyage.*

Allons, vite! que tout soit prêt,
Car le Grand-Maître
A l'instant va paraître;
Prenons notre place au parquet;
Honneur, honneur, à M. Dumollet.

DUMOLLET.

Air : *Vaudeville de la Belle fermière.*

Du grand hôtel Richelieu,
Vous voyez un pauvre locataire,
Servant son Prince et son Dieu,
Quand on lui permet de le faire;
Et, pour payer mes exploits,
On me brûle bien, je crois,
Par an au moins sept ou huit fois.

LE JURY.

Ce guerrier invincible
Est vraiment l'homme incombustible.

DUMOLLET.

Mesdames, je vous ai choisies pour jurés dans cette mémorable affaire, présumant qu'il était possible que vous reconnussiez quelques-uns de vos effets.... Je viens vous signaler un abus dont je suis la victime; sous prétexte que j'étais retiré à la campagne, on me prenait ce que j'ai de mieux; mais un pareil triomphe ne pouvait être long, et tandis que j'étais censé ne pas le savoir...., je le savais.

LE JURY.

Bravo!

DUMOLLET.

Interrogeons l'accusée... Jeune fille, répondez; comment avez vous fait pour réussir?

JEANNE D'ARC.

« Depuis longtemps, Seigneur, sur les maux des Français,
» En recevant mon mois, tout bas je gémissais;
» Le Caissier semblait triste en m'ouvrant sa cassette,
» Et mes yeux, en pleurant, y cherchaient la recette.

» *Hécube*, en expirant, nous légua des sifflets
» Qu'*Orgueil et Vanité* vint recueillir après.
» *Hamlet et Manlius* étaient d'intelligence,
» Et pour les seconder, prirent la diligence.
» Le *Tartufe*, Seigneur, devenait exigeant,
» Et *la Fille d'honneur* ne visait qu'à l'argent.
» Les doubles qui jouaient et Regnard et Molière,
» Attiraient, chaque soir, et leur père et leur mère.
» Les acteurs étaient froids, le temps devenait chaud :
» Il nous fallait du neuf ou succomber bientôt ;
» Lorsqu'un beau soir rêvant, m'apparut Melpomène,
» Qui me dit : Montre toi, va briller sur la scène :
» Les Français vont avoir un triomphe nouveau ;
» On en fixe le jour, on lève le rideau ;
» Mes amis étaient là. Soudain, d'un ton modeste,
» Je débite mes vers ; leurs mains ont fait le reste ».

Hein? Qu'est-ce que vous dites de ça ?...

Madame BÈTEFORT.

Qu'elle touchante ingénuité !

DUMOLLET, *tenant une brochure.*

Voilà la pièce qui dépose le plus contre vous.

JEANNE D'ARC.

Quelle est cette pièce ?

DUMOLLET.

Les Templiers, tragédie en cinq actes, représentée à Paris sur le théâtre Français : ils ont assez de célébrité ; vous devez les connaître.

AGNELET, *à Jeanne d'Arc.*

Niez, niez toujours, je lèverai la main pour vous.

JEANNE D'ARC.

« Vous me faites ici de plaisantes querelles ;
» Ne doit-on pas, Seigneur, suivre de bons modèles ? »

DUMOLLET.

Vous avez imité une bonne pièce et une mauvaise action.

AGNELET.

Une action ! il n'y a point d'action à lui reprocher.

LE JURY, *criant.*

Nous en savons bien d'autres sur son compte.

AGNELET.

Silence, Mesdames !

JEANNE CHAPELAIN.

Air : *Femmes voulez-vous éprouver.*

Pour son insigne trahison,
Il faut, qu'en pensez-vous? Mesdames,
La condamner à la prison.

LES AUTRES JEANNES.

Non, qu'elle soit livrée aux flammes!

AGNELET.

Mamzelle Jeannette, j'vous l'dis tout bas,
Ça peut d'venir une tragédie ;
Fait's vous toujours, dans tous les cas,
Assurer contre l'incendie.

DUMOLLET.

Eh bien, Mesdames, admirez mon beau caractère de modération. je suis le plus lésé, eh bien, je consens à lui pardonner : qu'elle rentre dans son armoire; je lui propose une place près de moi.

JEANNE D'ARC, *indignée.*

Avec mon plus cruel ennemi?

DUMOLLET.

Ah! ah! vous le prenez sur ce ton-là! je vous l'abandonne, brûlée....

LES JEANNES.

Brûlée.

JEANNE D'ARC, *inspirée.*

« Eh bien, écoutez tous mes accens prophétiques,
» Je vais vous débiter des vers académiques:
» Tremblez!... l'esprit agit... ce sera curieux;
» L'avenir tout entier se déroule à mes yeux ».

AGNELET, *à part.*

Mon doux Jésus!.. elle va leur tirer les cartes, c'est sûr.

JEANNE D'ARC, *inspirée.*

« Malheureux Templier, qui te crois un grand maître,
» Ton nom, du répertoire, est prêt à disparaître.
» Au milieu de ta gloire il faudra t'arrêter:
» Tu n'auras plus d'acteurs pour te représenter;
» Tu seras oublié chez ton pauvre libraire,
» Et tu n'entendras plus les bravos du parterre;
» Pour vingt drames nouveaux tu seras délaissé:
(*Mouvement dans l'auditoire.*)
» Écoutez, écoutez! l'arrêt est prononcé.

DUMOLLET.

Vous le voyez, il faut qu'elle soit sorcière.

AGNELET.

Elle a un instinct du diable.

JEANNE FLONFLON.

AIR : *Flon, flon.*

C'est une magicienne :
Son crime est trop certain ;
Qu'au supplice on la traîne,
Qu'on la brûle soudain ;
Et flonflon, la rira dondaine,
Et gai, gai, la rira dondé.

(*Des valets en livrée emmènent Jeanne d'Arc sur le refrain de l'air.*)

SCENE IX.

Les mêmes, excepté JEANNE DARC.

AGNELET.

C'est une injustice, et vous verrez qu'elle en appellera, et qu'elle gagnera son procès en appel.

DUMOLLET.

Elle est bien jugée et vous verrez qu'elle ne résistera pas à la chaleur ? qu'en pensez vous, M. Foribête.... M. Bêtefort ;

BÊTEFORT.

Ciel ! pourvu que la petite Chronique du Journal de Paris ne dise pas que c'est moi qui ai laissé faire toutes ces bêtises-là.

MADAME BÊTEFORT.

Malheureuse Jeanne d'Arc !

AIR : *Muse des bois.*

Quand on entend cette voix si touchante
Sur ton destin il faut verser des pleurs.
Jeune beauté, ta douleur éloquente,
Séduit l'oreille et vient charmer le cœur.
Et l'on croirait que la Muse d'Homère
A tes accens prête son noble appui :
Si Dieu jadis inspira la bergère,
C'est Apollon qui l'inspire aujourd'hui.

AGNELET.

Apollon l'inspire !... marchez, marchez...

BÊTEFORT.

Décidément je cours la sauver.

TOUTES LES JEANNES.

Arrêtez...

DUMOLET.

Il n'est plus tems.

SCENE X.

Les mêmes, SANSVOIX, (*arrivant tristement.*)

MADAME BÊTEFORT.

Quoi! Jeanne d'Arc serait-elle déjà flambée.

SANSVOIX.

« Flambée! oui mes amis... Ah! daignez m'écouter :
» Si vous avez le tems, je vais tout vous conter.

BÊTEFORT.

« Le récit est-il bon?

SANSVOIX.

Non, Jeanne, en attitude,
» S'avance lentement, selon son habitude;
» Nos figurans suivaient... ils composent leurs traits,
» Et leur feinte douleur les rend encor plus laids.
» On faisait des fagots; au sort supérieure,
» Je vais passer, dit-elle, un fort mauvais quart d'heure :
» Les bûches sont en nombre..- A ces mots, sans broncher,
» Elle va se placer sur le fatal bûcher.
» Des garçons de théâtre un des plus frénétiques
» Saisit, pour l'allumer, *les Femmes politiques.*
» Ca ne prend pas; le vent soudain vient à siffler;
» La pièce avec fracas tombe sans rien brûler.
» Alors le semainier de l'Opéra-Comique
» Apporte *Marini*, paroles et musique:
» L'on bâille, l'on frissonne, et, d'un commun aveu,
» On entend *répéter* : C'est bon à mettre au feu.
» Mais pas une étincelle... un éclair de malice...

BÊTEFORT.

« Que faisaient les pompiers pendant le sacrifice?

SANSVOIX.

» Seigneur, aux Mexicains ils avaient tous couru :
» Ces gens-là font un feu du diable à l'Ambigu.

BÊTEFORT.

Mais on dit cependant qu'ils n'ont pas inventé la poudre.

SANSVOIX.

» Jeanne, pendant ce tems, de plus belle déclame,
» Elle fait oublier ses défauts par son âme.
» Le troisième acte enfin l'enlève sans péril.
» On dit qu'elle vivra long-tems : ainsi soit-il.

BÊTEFORT.

Elle est donc sauvée.

SANSVOIX.

» Oui, grâces à Talbot, dont l'honneur toujours veille,
» Qui ne fait rien du tout, mais qui parle à merveille.

La Voici !

Le Théatre change, sur une fanfare, et représente la petite place de l'Institut, dans le fond, la porte de l'Académie est entr'ouverte Jeanne d'Arc est dans le milieu de la place auprès de Talbot qui la soutient... Elle a la palme des martyrs à la main... une couronne de lauriers sur la tête, elle montre la porte de l'Académie.... au-dessus de la porte on lit : Entrée de l'Académie.

AIR : *Triomphez bel Alcindor.*

Triomphez, on applaudit
A votre poésie,
Choisie ;
Triomphez, on applaudit
A tout ce que Jeanne nous dit.

JEANNE D'ARC.

« Quels *bravos !* quels succès! Ah ! pour moi quelle gloire!
« Je veux mener mon père au temple de Mémoire.

DUMOLLET.

C'est d'une bonne fille !

AGNELET.

Il en arrivera ce qui pourra.

JEANNE D'ARC.

» Et jusqu'à l'Institut.

SANSVOIX.

Qui l'y conduira ?

JEANNE D'ARC.

Moi !

JEANNE.

Moi, dis-je, et c'est assez.

SANSVOIX.

Ce n'est pas trop, ma foi.

AGNELET.

Marchez, marchez.

JEANNE-d'ARC.

Ah! ça, maintenant, j'espère que j'ai fait un fier service et que je puis demander un petit congé de trois mois, et si on me le refuse, j'en fais une maladie.

VAUDEVILLE.

AIR : *Honneur à la musique.*

CHOEUR.

Ah! quel destin prospère!
Pour nous, pour les Français,
Cette illustre guerrière
A gagné son procès.

JEANNE D'ARC, *au Public.*

AIR : *J'étais bon chasseur autrefois.*

Pour vous plaire on doit tout tenter,
Et dans ce but, auquel j'aspire,
J'ai voulu ce soir imiter
Une actrice que l'on admire.
Séduit par son charme entraînant,
Chacun l'applaudit avec zèle;
Messieurs, voici bien le moment
De me prendre un instant pour elle.

CHOEUR.

Ah! quel destin prospère, etc.

FIN.

www.ingramcontent.com/pod-product-compliance
Lightning Source LLC
LaVergne TN
LVHW020632110826
845149LV00004B/1148

* 9 7 8 2 0 1 9 2 0 2 0 2 6 *